L'OPPOSITION DURATIF / PONCTUEL EN FRANÇAIS ET EN HÉBREU CONTEMPORAINS

SOCIÉTÉ D'ÉTUDES LINGUISTIQUES ET ANTHROPOLOGIQUES DE FRANCE

14

NUMÉRO SPÉCIAL

Moshe STARETS

L'OPPOSITION DURATIF / PONCTUEL
EN FRANÇAIS ET EN HÉBREU CONTEMPORAINS

étude comparée

Publié avec le concours
de l'UNIVERSITÉ SAINTE-ANNE (Church Point, Nova Scotia, Canada)

1982

ISBN : 2-85297-136-4

© PARIS - SELAF - 1982

RÉSUMÉS

Moshe STARETS - L'opposition duratif/ponctuel en français et en hébreu contemporains.
   1982, Paris, SELAF (Numéro Spécial 14)

      L'aspect est défini traditionnellement comme la manière dont l'action est en-
visagée dans son déroulement. Certaines langues possèdent des modalités verbales
aspectuelles alors que dans d'autres langues les aspects sont exprimés par d'autres
moyens. Notre étude vise à décrire la manière dont l'opposition duratif/ponctuel se
réalise en français et en hébreu contemporains. Son objectif consiste à démontrer
que dans deux langues aussi différentes que le français (langue indo-européenne de
la famille des langues romanes) et l'hébreu (langue sémitique) l'opposition dura-
tif/ponctuel est normalement imposée à la phrase par des moyens linguistiques et
extra-linguistiques identiques. Ces moyens sont : le lexème du verbe, le sujet de
la phrase, différents adverbes, le complément d'objet du verbe, le contexte linguistique et le contexte extra-linguistique de la phrase.
      En français, de plus, l'expression aspectuelle de durée peut être imposée par
l'imparfait de l'indicatif. Etant donné que cette modalité verbale n'existe pas en
hébreu ceci peut créer des difficultés ; afin de traduire en hébreu une phrase
française dont l'expression de durée est imposée par l'imparfait de l'indicatif,
on doit recourir à des moyens linguistiques extérieurs au système des modalités
verbales de la langue hébraïque.

Moshe STARETS - The durative/punctual aspects in contemporary Hebrew and French.
   1982, Paris, SELAF (Numéro Spécial 14)

      Traditionally, aspects have been described as the way in which one considers
an action as it unfolds. In some languages there are special aspectual markers that
lend aspectual readings to the sentences in which they occur ; in languages that do
not possess aspectual markers, these aspectual readings are imposed by other means.
Our study is an attempt to define the means by which the durative and punctual
aspects are expressed in contemporary French and Hebrew. We will try to demonstrate
that two languages as different as French (Indo-European, Romance language) and
Hebrew (a Semitic language) almost always resort to identical means in order to
lend a durative or punctual aspectual reading to the sentence. Those means are :
the verb (its semantic content), the subject of the verb, some adverbs, and the
extra-linguistic context of the sentence.
      Concerning the durative aspects, there is one major difference between French
and Hebrew : in French the imperfect tense can lend a durative aspectual reading to

the sentence whereas in Hebrew this tense does not exist. This can create some
difficulties ; in order to translate into Hebrew a French sentence in which the
durative aspect is implied by the imperfect tense, the translator will have to
resort to non-verbal means in Hebrew.

Moshe STARETS - La oposición durativo/puntual en francés y hebreo contemporáneos.
1982, Paris, SELAF (Numéro Spécial 14)

Tradicionalmente, se define el aspecto como la manera de considerar la acción
en su desarrollo. Algunas lenguas poseen modalidades verbales aspectuales, mientras
que otras exprimen los aspectos por otros medios. El objetivo de nuestro estudio es
el de describir la manera en la que se realiza la oposición durativo/puntual en
francés y hebreo contemporáneos. Se quiere demostrar que en dos lenguas tan dife-
rentes como el francés (lengua indoeuropea de la familia de lenguas románicas) y el
hebreo (lengua semítica), se impone normalmente a la frase la oposición durativo/
puntual por medios lingüísticos y extralingüísticos idénticos. Estos medios son :
el lexema verbal, el sujeto de la frase, diversos adverbios, el complemento directo
del verbo, el contexto lingüístico y el contexto extralingüístico de la frase.

Además, en francés, la expresión aspectual de la duración puede imponerse mediante el imperfecto de indicativo. El hecho de que esta modalidad verbal no exista
en hebreo puede dar lugar a dificultades ; para traducir al hebreo una frase fran-
cesa donde se impone la expresión de la duración mediante el imperfecto de indicativo, hay que tener recurso a medios lingüísticos exteriores al sistema de las modalidades verbales de la lengue hebrea.

Moshe STARETS - Die Opposition durativ/punktuell im zeitgenössischen Französisch
und Hebräisch.
1982, Paris, SELAF (Numéro Spécial 14)

Aspekt wird traditionell als die Art definiert, in der eine Handlung in ihrem
in ihrem Ablauf betrachtet wird. Einige Sprachen haben Aspektmarkierer am Verb,
während Aspekt in anderen Sprachen durch andere Mittel ausgedrückt wird. Unsere
Untersuchung will beschreiben, wie die Opposition durativ/punktuell im zeitgenös-
sischen Französisch and Hebräisch realisiert wird. Dans Ziel ist zu zeigen, dass
in zwei so unterschiedlichen Sprachen wie dem Französischen (einer romanischen
Sprache aus der indogermanischen Sprachfamilie) und dem Hebräischen (einer semitis-
chen Sprache) die Opposition durativ/punktuell durch identische sprachliche und
aussersprachliche Mittel angezeigt wird. Diese Mittel sind : das Lexem des Verbs,
das Subjekt des Satzes, unterschiedliche Adverbien, die Objektergänzung des Verbs,
der sprachliche und aussersprachliche Kontext des Satzes.

Im Französischen kann der Aspekt der Dauer zusätzlich durch den Indikativ
Imperfekt dargestellt werden, aine Möglichkeit, die es im Hebräischen nicht gibt.
Dadurch können Schwierigkeiten auftauchen ; um einen französischen Satz, in dem
die Handlungsdauer durch den Indikativ Imperfekt ausgedrückt wird, ins Hebräische
zu übersetzen, muss man auf sprachliche Mittel des Hebräischen zurückgreifen, die
sich nicht am Verb ausdrücken.

L'OPPOSITION DURATIF / PONCTUEL
EN FRANÇAIS ET EN
HÉBREU CONTEMPORAINS

SOMMAIRE

INTRODUCTION

Première partie
 L'OPPOSITION DURATIF/PONCTUEL IMPOSÉE PAR LE LEXÈME DU VERBE

Deuxième partie
 L'OPPOSITION DURATIF/PONCTUEL IMPOSÉE PAR LES COMPATIBILITÉS SYNTAXIQUES DU VERBE

Troisième partie
 L'OPPOSITION DURATIF/PONCTUEL IMPOSÉE PAR LE CONTEXTE

Quatrième partie
 L'EXPRESSION ASPECTUELLE DE DURÉE IMPOSÉE EN FRANÇAIS PAR L'IMPARFAIT. ÉQUIVALENTS HÉBRAIQUES

CONCLUSION
BIBLIOGRAPHIE
TABLE DES MATIÈRES

REMERCIEMENTS

Nous remercions particulièrement Frédéric FRANCOIS, Professeur de Linguistique à l'Université Réné Descartes (Sorbonne), pour son assistance et ses conseils judicieux. Grâce à son orientation scientifique et à son dévouement, nous avons pu mener ce travail à bien et entamer d'autres études qui se déroulent en ce moment.

INTRODUCTION

1. LES TEMPS EN FRANÇAIS ET EN HÉBREU

Le français est une langue indo-européenne de la famille des langues romanes tandis que l'hébreu est une langue sémitique non-européen-
ne. Les deux langues appartiennent donc à deux groupes linguistiques
différents. L'appartenance des deux langues à deux groupes linguistiques distincts ne se reflète nulle part plus que dans leurs systèmes
verbaux respectifs : le français, évolué du latin, possède un système
de temps verbaux permettant de situer une action dans le temps par
rapport au moment de la parole, et, le cas échéant, par rapport à une
autre action en dehors du moment de la parole. L'hébreu, en revanche,
ne possède que trois temps: passé, présent et futur, qui expriment
la relation temporelle de l'action par rapport au moment de la parole.
L'antériorité, la simultanéité et la postériorité sont exprimées en
combinant les trois temps, souvent avec la concurrence de moyens linguistiques extra-verbaux.

Comparons, à titre d'exemple, les versions française et hébraïque
de la phrase suivante :

Hébreu

axalti	ka(a)ʃer	hu	higia[2]
manger	quand[1]	il	arriver
passé 1ère			*passé 3ème*
pers. sg.			*pers. sg.*

Français - deux possibilités :

1) Je mangeais quand il est arrivé

2) J'avais (j'ai eu) mangé quand il est arrivé

Sur le plan temporel (et aussi aspectuel), la phrase hébraïque
est ambiguë; abstraction faite d'un contexte, on ne saurait pas si
les deux actions sont successives ou simultanées. La version française n'est pas frappée de cette ambiguïté, parce que son système verbal
suffit dans ce cas pour rendre la simultanéité ou l'antériorité.

Afin de lever l'ambiguïté, l'hébreu dispose d'une gamme de
moyens, tous extra-verbaux :

1) la simultanéité des deux actions peut s'exprimer au moyen d'un
énoncé adjoint à l'énoncé supra :

ax	lo	hifsakti	le(e)xol
mais	non	cesser	manger
		passé 1ère	*infinitif*
		pers. sg.	

La phrase entière serait rendue en français de la façon suivante :
"Je mangeais quand il est arrivé, mais je n'ai pas cessé de manger".

2) L'antériorité de **axalti** par rapport à **higia** peut être mise en
évidence au moyen de l'adverbe **kvar** "déjà".

axalti   kvar   ka(a)ʃer   hu   higia
"J'avais déjà mangé quand il est arrivé".

Les traducteurs du français vers l'hébreu se heurtent normalement à des difficultés considérables à cause de cette disparité entre
les systèmes temporels des deux langues. Il n'est pas toujours faci-
le de trouver les éléments linguistiques susceptibles de rendre en
hébreu les expressions temporelles françaises.

2. LES ASPECTS EN FRANÇAIS ET EN HÉBREU

L'aspect est défini traditionnellement comme la manière dont
l'action est envisagée dans son déroulement.

Les langues disposent de différents moyens pour exprimer les
aspects dans la phrase : dans nombre de langues certains aspects
sont formellement marqués par des modalités verbales, dans d'autres
ils sont exprimés par des moyens extra-verbaux.

Les opinions sur l'imposition de l'aspect en français sont partagées. Antoine Meillet[1] affirme, à propos des langues romanes :

> "Les langues romanes n'ont pas gardé ce système, elles ont laissé tomber tout ce qui avait valeur d'aspect, et elles n'ont gardé que la valeur temporelle [...] il ne reste [en français] rien de la notion d'aspect".

Contrairement à cette conception d'Antoine Meillet, Gustave Guillaume[2] perçoit trois aspects en français :

1) l'aspect *tensif* représenté par l'infinitif non composé "marcher"

2) l'aspect *extensif* servant à renouveler la tension du verbe au moment où elle expire et à la prolonger au-delà d'elle-même, en extension, représenté par l'infinitif passé "avoir marché".

3) l'aspect *bi-extensif* représenté par auxiliaire + participe passé de verbe "avoir eu marché".

"je marche"/"j'ai marché"/"j'ai eu marché" se trouvent en opposition aspectuelle au passé.

Paul Imbs[3], sous l'influence de Gustave Guillaume, présente un système aspectuel français différent de celui de son prédécesseur :

1) inaccompli/accompli - par ex. présent/passé composé
2) duratif/ponctuel - par ex. imparfait/passé simple
3) imperfectif/perfectif - par ex. "battre"/"abattre"
4) inchoatif/terminatif - par ex. "se mettre à"/"cesser de"

Maurice Grevisse[4] distingue neuf aspects en français parmi lesquels se trouve l'opposition duratif/ponctuel.

Les linguistes français ne sont donc pas d'accord sur la "formalisation" de l'aspect en français, les opinions variant de "l'élimination totale du rôle aspectuel du système verbal" jusqu'à "la systématisation totale".

L'analyse des aspects verbaux et des différentes opinions apportées ici se fera minutieusement dans une étude ultérieure. En ce qui concerne l'objet de cette étude : l'opposition aspectuelle duratif / ponctuel, nous acceptons la description d'Antoine Meillet qui, en fait, se prête aussi à l'expression aspectuelle durative/ponctuelle en hébreu ; contrairement aux disparités temporelles causées par deux sys-

---

[1] A. MEILLET, p. 185-186
[2] Chap. IV-5 ; cf. aussi M. GOLIAN, p. 3-4
[3] P. IMBS, p. 15-16
[4] XV, p. 61.

tèmes verbaux très différents, les expressions aspectuelles de durée
et de ponctualité sont imposées dans les deux langues - à une exception
près - par les mêmes moyens linguistiques, qui ne ressortissent pas à
leurs systèmes verbaux respectifs : le lexème verbal, les compatibilités verbales dans la phrase (adverbe, sujet et complément d'objet du
verbe), le contexte linguistique et le contexte extra-linguistique.

Nous avons dit à une exception près, parce qu'en français l'expression aspectuelle de durée est imposée dans certains cas par le
temps imparfait, obligeant alors l'hébreu à recourir à d'autres moyens que ceux mis à sa disposition par son système verbal.

Cette étude se voue à une analyse aussi exhaustive que possible
des moyens linguistiques mentionnés supra qui imposent à la phrase
française et hébraïque l'expression aspectuelle de durée et de ponctualité. Cependant, avant d'entamer cette analyse, nous essaierons de
définir plus précisément les expressions aspectuelles durative et
ponctuelle.

Une phrase est d'expression aspectuelle durative quand elle exprime une action qui se déroule pendant une certaine époque au passé,
au présent ou au futur ; elle est d'expression aspectuelle ponctuelle
quand elle exprime une action instantanée survenant sur un certain
point dans le temps au passé, au présent ou au futur. Exemple :

Duratif : La France s'est opposée à l'Italie pendant la deuxième guerre mondiale.

Ponctuel: Par X votes contre Y le Sénat américain s'est opposé à la
politique cambodgienne du président Nixon.

L'expression aspectuelle durative ou ponctuelle d'une phrase est
un élément d'information pertinent dans le message. Dans la première
phrase supra, l'expression aspectuelle met en évidence l'attitude de
la France envers l'Italie pendant une certaine époque ; en revanche,
la deuxième phrase vise à communiquer un événement survenu à un moment
donné et non pas l'attitude caractéristique du Congrès américain envers la politique cambodgienne du président Nixon au cours d'une certaine époque.

Les phrases française et hébraïque ne mettent pas toujours en
évidence une expression aspectuelle durative ou ponctuelle. Ainsi la
phrase : après l'accident ils ont reçu des soins ne suppose pas une
action durative ou ponctuelle ; par rapport à cet aspect, la phrase
est neutre, "indifférente". La durée de l'action n'est pas pertinente
dans le message transmis.

En revanche, la phrase : après l'accident ils ont reçu des soins pendant toute la journée met en évidence l'aspect duratif de l'action, parce que cette expression aspectuelle constitue un élément d'information pertinent.

Dans certaines phrases, l'expression aspectuelle de durée ou de ponctualité, quoique implicite, n'est pas mise en relief étant donnée son importance secondaire relativement à l'information transmise : j'ai vécu au Brésil et en Argentine, mais j'aime le Canada.

Dans la phrase supra le caractère duratil du verbe vivre est estompé, vu que l'accent est mis sur le choix du locuteur (.. mais j'aime le Canada). Par contre, si le message le postulait, le caractère duratif du verbe vivre serait mis en évidence et la phrase serait d'expression aspectuelle de durée : je parle le portugais et l'espagnol parce que j'ai vécu au Brésil et en Argentine.

Les phrases, dans lesquelles l'expression aspectuelle de durée ou de ponctualité est un élément d'information pertinent, peuvent devenir ambiguës ou transmettre un message incomplet dans le cas où leur expression aspectuelle n'était pas mise en évidence : le peuple canadien s'est opposé à son Premier Ministre.

Sans un contexte explicite cette phrase se prêterait à différentes interprétations :

1) aux dernières élections (ponctuel)
2) au cours des quatre dernières années (duratif)
3) depuis l'établissement du pays (duratif, "vérité d'ordre général")
4) à chaque fois qu'il a proposé une nouvelle loi sur l'avortement (itératif, habitude)

3. L'EXPRESSION ASPECTUELLE DURATIF / PONCTUEL ET LES TEMPS

L'expression aspectuelle de durée ou de ponctualité n'est pas conditionnée par l'expression temporelle de la phrase. Il peut y avoir en fait un divorce complet entre les deux expressions :

Virginia fabriquait un journal. Elle ne l'entreprit pas seule au début ... mais ... petit à petit la chose tomba presque entièrement entre les mains de Virginia.

Le temps (passé simple) indique que l'action s'est déroulée au passé, voire dans un passé lointain. Or, relativement à l'information aspectuelle apportée dans le message, cette information temporelle est tout à fait marginale ; l'attention de l'interlocuteur est attirée vers la nature progressive/durative de l'événement relaté, de sorte que la valeur aspectuelle de la phrase ne changerait pas si l'action se trouvait dans un temps plus "neutre".

Il est regrettable que petit à petit la chose tombe *(subjonctif)* **presque entièrement entre les mains de Virginia.**

4. LES OBJECTIFS DE L'ÉTUDE

En analysant systématiquement des phrases françaises et hébraïques nous essaierons de démontrer que les facteurs linguistiques notés infra imposent en hébreu et en français l'expression aspectuelle de durée et de ponctualité :
- le lexème du verbe
- l'adverbe
- le complément d'objet du verbe
- le contexte linguistique
- le contexte extra-linguistique

Chacun de ces facteurs, commençant par le verbe, peut, le cas échéant, imposer à une phrase hébraïque ou française l'expression aspectuelle de durée ou de ponctualité. Il est intéressant donc de noter que deux langues tellement différentes ont recours aux mêmes moyens linguistiques pour imposer ces expressions aspectuelles. Toutefois, comme il l'a été dit précédemment[5], le français possède un outil supplémentaire dont l'ébreu est privé : l'imparfait. On en parlera plus loin[6].

---

[5] voir chap. 2
[6] voir 4ème partie

5. LE REGISTRE DE LANGUE ÉTUDIÉ

L'étude s'effectue sur un registre de langue que l'on peut consi-
dérer comme "standard" : celui de la presse quotidienne.

Pour la constitution du corpus nous avons réuni un nombre très
important de textes relevant de tous les domaines couverts par la presse quotidienne. Afin de parvenir aux facteurs linguistiques imposant
l'expression aspectuelle de durée ou de ponctualité nous avons procédé par une "méthode de suppression" consistant à supprimer dans les
phrases analysées les éléments linguistiques non pertinents à l'expression de durée ou de ponctualité arrivant ainsi aux unités minima
sans lesquelles la phrase perdrait son caractère aspectuel.

6. NOTES SUR LES TRADUCTIONS
ET LES TRANSCRIPTIONS

Afin de faciliter la compréhension des analyses des phrases hébraïques, nous appliquons plusieurs méthodes de traduction :

1) Traduction littérale fidèle à la structure syntaxique et aux
   sens des mots du texte hébraïque.

2) Traduction "libre" respectant le style de la langue française.
   La première traduction suivra toujours le texte hébraïque étudié
   et fera ressortir les faits de langue analysés ; la deuxième traduction viendra ensuite rendant le texte hébraïque plus explicite pour le lecteur francophone non hébraïsant.

3) On trouvera parfois une troisième méthode de traduction consistant à marquer par les mêmes chiffres les mots analogues dans le
   texte hébraïque et dans sa contrepartie française ; cette méthode s'appliquera surtout à des phrases courtes dont la structure
   ressemble à celle de la version française.

Les phonèmes hébraïques sont rendus par les graphèmes latins cor-
respondants : (k (k), t (t), etc) et par les symboles x (*j* espagnol
dans *jueves*) et ∫ (*ch* français dans *château*), conformément à la

prononciation israélienne la plus courante (séfaradi). Les voyelles
entre parenthèses sont considérées en hébreu comme étant des semi-
voyelles, ou des "pseudo-voyelles".

PREMIÈRE PARTIE

L'OPPOSITION DURATIF / PONCTUEL IMPOSÉE PAR LE LEXÈME DU VERBE

En français et en hébreu les lexèmes de certains verbes impliquent une expression aspectuelle de durée ou de ponctualité. Une phrase comportant un verbe de ce caractère aspectuel exprimera toujours et dans toutes les circonstances une durée ou une ponctualité.

Quand on dit j'ai vécu le récepteur du message "décidera" que le message relate un fait duratif avant même que l'émetteur n'achève la phrase, parce que le verbe vivre implique une action durative.

Supposons ces deux phrases :

1) J'ai vécu au Brésil
2) J'ai vécu longtemps au Brésil

Les deux phrases sont d'expression aspectuelle durative ; dans la deuxième l'expression aspectuelle de durée est mise en relief. Les deux phrases pourront susciter des questions telles que "pendant combien de temps ?" mais jamais des questions du type "à quelle heure ?" Les questions supposent à priori que l'action a duré une certaine période. En revanche la phrase Jean est mort susciterait des questions telles que "quand ?" "à quelle heure ?" mais écarterait des questions telles que "pendant combien de temps ?"

Dans une phrase où le verbe n'implique pas l'expression aspectuelle de durée ou de ponctualité, dans la mesure où le message le postule, il faut recourir à d'autres moyens linguistiques afin de la pertinentiser.

Ainsi :
- J'ai vécu + X - toujours duratif
- Il est mort + X - toujours ponctuel
- Jean a caché la balle + X - trois possibilités
  1) X = à trois heures ; ponctuel

2) X = pendant toute la journée ; duratif

3) X = pour rire ; aspect non pertinentisé

Nous analyserons par la suite un certain nombre de textes français et hébraïques où le verbe de caractère duratif ou ponctuel impose à la phrase l'expression durative ou ponctuelle.

1. LES VERBES DE CARACTÈRE ASPECTUEL DURATIF

Français

M. Pierre Mesmer invité en Autriche.
Le chancelier autrichien M. Bruno Kreisky qui a conféré hier pendant quarante minutes avec Pierre Mesmer, a invité celui-ci à se rendre en visite officielle en Autriche.

Le verbe conférer implique une action durative imposant à la phrase une expression aspectuelle de durée qui se maintiendrait même si on omettait la locution adverbiale pendant quarante minute. L'expression aspectuelle de durée est donc imposée à la phrase par la valeur sémantique même du verbe, la locution adverbiale ne servant qu'à définir les limites temporelles de l'action.

Pendant ce temps la situation demeure très critique dans l'ensemble du Cambodge...

Le verbe demeurer ici comme le verbe conférer dans la phrase précédente, impose à la phrase l'expression aspectuelle de durée. On peut postuler que les deux verbes imposeraient l'expression aspectuelle de durée à toutes les phrases qui les comporteraient. La locution adverbiale pendant ce temps dans la dernière phrase, comme pendant quarante minutes dans la première, définit simplement les limites temporelles de l'action.

Hébreu

kvutsat	sofrim	ha	mitgoreret	... panta	la
(un) groupe	(d')écrivains	qui	demeurer	s'adresser	à
			prés. sg.	*passé 3e*	
				pers. sg.	

agudat	ha	sofrim
(l') associa-	(des)	écrivains
tion		

"Un groupe d'écrivains demeurant ... s'est adressé à l'association des écrivains.

Le verbe mitgoreret implique une durée, imposant à la phrase l'expression aspectuelle de durée. Le temps "présent" n'a aucun impact sur
l'expression aspectuelle de la phrase ; il indique simplement que l'action durative exprimée par le verbe renferme le moment de la parole.

Nous avons constaté que dans ce type de phrases françaises et hébraïques la locution adverbiale définit la période à l'intérieur de
laquelle a lieu, pendant une période non déterminée, l'action durative
exprimée par le verbe. Sur le plan temporel la phrase peut se prêter
donc à une certaine ambiguïté. Exemples :

Français

> Au cours d'un rassemblement qui s'est tenu à l'intérieur de l'u-
> sine - et qui a réuni un millier de personnes seulement - les res-
> ponsables syndicaux ont fait le point de la crise et le personnel
> de certains ateliers a débrayé entre 14 heures et 15 heures en si-
> gne de solidarité avec les grévistes.

Dans cette phrase il n'est pas clair si l'action exprimée par faire le point s'est déroulée pendant toute la période définie par au
cours d'un rassemblement ou durant un certain temps à l'intérieur de
cette période.

Hébreu

ke	100	elef	iʃ	iʃtatfu	be
à peu près	100	mille	personne(s)	participer *futur 3e pers. pl.*	dans

iom alef	hakarov	be	hafgana	be	niu iork
dimanche	prochain	dans	démonstration	dans	New York

"Cent mille personnes, à peu près, participeront dimanche prochain à une démonstration à New York".

La locution adverbiale be iom alef ha karov ("dimanche prochain")
définit l'époque à l'intérieur de laquelle l'action iʃtatfu ("participeront") aura lieu ; la durée de l'action n'étant pas pertinente, elle
n'est pas définie.

2. LES VERBES DE CARACTÈRE ASPECTUEL PONCTUEL

Les verbes de caractère aspectuel ponctuel supposent une action ponctuelle. Analysons à titre d'illustration les textes suivants :

Maurice G. démissionne de son poste de secrétaire perpétuel de l'Académie Française.

Le verbe démissionner est de caractère aspectuel ponctuel imposant à la phrase l'expression aspectuelle ponctuelle. Aucune locution adverbiale ne saurait modifier l'expression ponctuelle de cette phrase. Ajoutons à la phrase, à titre d'exemple, la locution adverbiale lundi dernier : Maurice G. a démissionné de son poste ... lundi dernier.

La locution adverbiale lundi dernier dans le contexte de cette phrase n'exprime que l'époque à l'intérieur de laquelle, sur un point indéfini, l'action eut lieu. Nous remarquons pourtant que cette locution exprime une époque d'une certaine durée.

Hébreu

ba	iamim	ha ax(a)ronim	hexel	ʃalav	xadaʃ[7]
dans	jours	derniers	commencer passé 3e pers. sg.	(une) étape	nouvelle

ʃel	zihui	ne(e)darim
de[8]	identifi-cation	(de) disparus

"Ces derniers jours a commencé une nouvelle étape pour l'idenfication des disparus."

Le verbe hexel "a commencé" impose à la phrase l'expression aspectuelle ponctuelle. En hébreu, comme en français, la locution adverbiale "durative" ba iamim ha(a)xaromim ("ces derniers jours") n'a aucun impact sur l'expression durative de la phrase ; elle définit simplement l'époque à l'intérieur de laquelle l'action eut lieu.

La subordination aspectuelle de tous les éléments de la phrase au sens de ponctualité du lexème verbal est évidente aussi dans les phrases hébraïques et françaises suivantes :

---

[7] "nouveau" en hébreu, ʃalav "étape" étant masculin.

[8] "de" possessif, compatible avec le texte hébraïque ci-dessus.

Français

Pendant ce temps à Phnom Phen le parlement **a voté** à l'unanimité les pleins pouvoirs au gouvernement.

Le verbe **voter** implique une action ponctuelle. L'adverbe temporel **pendant ce temps** implique que l'action a eu lieu à l'intérieur d'une action définie par la phrase précédente.

Je ne sais pas ce qui m'a pris ... **Pendant la dispute, j'avais vu** un chiffon par terre, je l'ai ramassé. J'ai étranglé Brigitte.

Le verbe **voir** dans le contexte est d'aspect ponctuel. Malgré la définition précise de la période, le moment de l'action n'est pas précisement situé dans le temps. Grâce au plus-que-parfait du verbe voir nous savons seulement qu'elle précède les deux autres[9].

Hébreu

sar	hapnim	bikeʃ	me ha	mefake'(a)x	al
(le) mi-nistre	(de) l'inté-rieur	demander *passé 3e pers. sg.*	du	préposé	sur

ha bxirot ...	lexadeʃ	beiom alef	haba	et
élections	renouveler reprendre *infinitif*	dimanche	prochain	*accusatif*[10]

avodot	hairgun
(les) travaux	(d') organisation

"Le ministre de l'intérieur demanda au préposé aux élections de reprendre dimanche prochain les travaux d'organisation ..."

Le verbe **lexadeʃ** est d'expression aspectuelle ponctuelle. Malgré la définition précise de la période, be iom alef haba "dimanche prochain" le moment de l'action n'est pas clair.

---

[9] Il faut quand même tenir compte de l'intervention d'un facteur extra-linguistique : le lecteur présume que Jean-Pierre ne pouvait pas voir le chiffon pendant toute la dispute. Ce facteur renforce l'expression de ponctualité du verbe **voir**.

[10] Particule syntaxique sans valeur sémantique que l'on interpose entre un verbe transitif et son complément d'objet *défini*.

26

Conclusions

1) Normalement en français et en hébreu un verbe de caractère aspectuel duratif ou ponctuel imposera à la phrase l'expression aspectuelle de durée ou de ponctualité.

2) Tous les autres éléments de la phrase seront subordonnés à l'expression de durée ou de ponctualité imposée par le verbe de caractère duratif ou ponctuel.

3) Dans certains cas la locution adverbiale temporelle ne définit que les limites de la période à l'intérieur de laquelle l'action durative ou ponctuelle a lieu, sans toutefois définir le moment ou la période de l'action. Dans ces cas le message manque de clarté temporelle.

DEUXIÈME PARTIE

L'OPPOSITION DURATIF / PONCTUEL IMPOSÉE PAR LES COMPATIBILITÉS SYNTAXIQUES DU VERBE

1. L'EXPRESSION ASPECTUELLE DURATIF / PONCTUEL EST IMPOSÉE A LA PHRASE PAR VERBE + LOCUTION ADVERBIALE

En français et en hébreu, dans plusieurs phrases, l'expression aspectuelle de durée ou de ponctualité est imposée conjointement par le verbe et sa locution adverbiale. Ces phrases présentent les caractéristiques suivantes :

– Le lexème du verbe de la phrase ne suppose pas une action durative ou ponctuelle ; l'expression aspectuelle est imposée par verbe + locution adverbiale (ou adverbe).

– L'expression aspectuelle de la phrase est pertinente et constitue un élément d'information important dans le message. Si l'expression aspectuelle n'était pas pertinentisée la phrase manquerait de clarté.

Exemples :

a) Je l'ai vu la semaine dernière

Sur le plan temporel, l'information transmise par la phrase est précise, or elle manque de clarté sur le plan aspectuel : l'action exprimée par le verbe voir est-elle fortuite ou prolongée ?

L'ambiguïté peut être levée par une locution adverbiale adéquate:

1) Je l'ai vu pendant une fraction de seconde la semaine dernière.
(= je l'ai aperçu) – *ponctuel*.

2) Je l'ai vu la semaine dernière pendant toute une après-midi.
(= je me suis entretenu avec lui) - *duratif*

b) Les mouvements de grève se poursuivent. Deux délégations ont été reçues à la préfecture pendant que leurs camarades défilaient dans les rues de la ville.

Cette phrase n'apporte pas de précisions temporelles parce que l'époque des événements rapportés est définie par le contexte.

Cependant, quant à l'expression de durée ou de ponctualité, faute de précisions aspectuelles, elle se prête à trois interprétations possibles :

1) Le verbe **recevoir** exprime simplement l'acte de réception, auquel cas la phrase est d'expression aspectuelle *ponctuelle*.

2) Le verbe exprime deux receptions prolongées qui ont eu lieu consécutivement à l'intérieur de la période définie par la phrase subordonnée.

3) Le verbe exprime deux réceptions prolongées ayant eu lieu simultanément.

Dans les deux derniers cas la phrase serait d'expression aspectuelle durative. La précision aspectuelle de la phrase dépend en fait des objectifs du message qui peuvent consister soit à attirer l'attention vers le fait des réceptions soit vers leur déroulement.

Contrairement aux phrases supra, dans la phrase infra, l'objectif aspectuel étant posé, son expression aspectuelle durative est explicitée par l'adjonction d'une locution adverbiale :

M. Brejniev a reçu le lundi 23 avril, pendant trois heures quarante-cinq, sept sénateurs américains, membres de la Commission du commerce.

Nous analyserons par la suite plusieurs phrases françaises et hébraïques, extraites de notre corpus de la presse, dont l'expression aspectuelle de durée ou de ponctualité est imposée par *verbe + locution adverbiale*.

a) *Duratif*

français

Bref, copains et copines cachent la future mère dans un grenier. Cela pendant neuf mois ! Palome vivait avec une aïeule qui n'a pas l'air de trouver son absence étonnante.

Le verbe cacher n'implique ni une durée ni une ponctualité. Il peut exprimer l'acte de cacher (quand j'ai tourné le dos il a caché la pomme), auquel cas il est ponctuel, ou l'état d'être caché, auquel cas il est duratif. Dans la phrase supra il s'agit de cacher + duratif. L'expression aspectuelle de durée est imposée à la phrase par *verbe + locution adverbiale*, en l'occurence, cacher + neuf mois. L'objectif aspectuel de cette phrase est explicite, voire mis en relief par la structure de la phrase cela pendant neuf mois !

Le Maréchal ... a cédé aux pressions de l'opposition. Après avoir hésité pendant plusieurs jours, il a finalement accepté de partager le pouvoir avec ses principaux adversaires politiques.

Le verbe hésiter tout comme le verbe cacher dans la phrase précédente, exprime soit une action ponctuelle soit une action durative. Dans cette dernière phrase l'expression aspectuelle durative étant un élément pertinent d'information elle est imposée par l'adjonction de la locution adverbiale pendant plusieurs jours.

Deux points chauds, les mêmes depuis plusieurs semaines, attirent toujours l'attention des syndicats, du patronat et du gouvernement : Lip à Besançon, Péchinez à Noguères.

Le verbe attirer ne suppose pas une action durative ou ponctuelle. L'expression aspectuelle de durée est imposée par attirer (attirent ...) + depuis plusieurs semaines, *verbe + locution adverbiale*. Etant donné que l'expression aspectuelle de durée est mise en évidence par depuis plusieurs semaines, l'adverbe (toujours) devient redondant. Il ne sert qu'à mettre en relief, tout comme le pronom les mêmes, la longue durée (plusieurs semaines) de l'action exprimée par attirent.

Hébreu

tox	48	ʃaot	hafax	aluf	ʃaron	et
en	48	heures	tourner trans- former *passé 3e pers. sg.*	(le) géné- ral	Sharon	*accusatif*

ko(a)x	ha	mesima	le	roʃ	geʃer	amiti
(la) force	de	mission	en	(une) tête (de) pont	véritable

"En 48 heures le Général Sharon transforma la force de mission en une véritable tête de pont".

Le verbe hafax ne suppose pas une action durative ou ponctuelle. L'expression aspectuelle de durée est imposée à la phrase par la cons-

truction hafax + 48 ʃaot[11], signalant que le processus de transforma-
tion d'une force de mission limitée en une véritable tête de pont a
duré 48 heures.

... ha	ʃoa	ʃe	iarda	bemeʃex	24	ad
la	catas-trophe	qui	descendre[12] *passé 3e pers. sg.*	durant	24	jusqu'à

48	ʃaot
48	heures

"La catastrophe qui s'est abattue (sur nous)[13], durant 24 jusqu'à 48 heures."

Le verbe iarda, tout comme le verbe hafax dans la phrase précédente, ne suppose pas une action durative ou ponctuelle. L'expression
aspectuelle de durée est imposée à la phrase par la construction :
iarda bemeʃex 24 ad 48 ʃaot.[14]

memʃelet	bon	higia	le	heskem ...	ʃe
(le) gouver-ment	(de) Bonn	arriver parvenir *passé 3e pers.sg.*	à	(un) accord	qui

i(e)afʃer	meata	mi loxei	neʃek	amerikai
rendre possible permettre *passé 3e pers. sg.*	dorénavant	(des) envois	(d') armes	américain(es)

"Le gouvernement de Bonn est parvenu à un accord... qui permet-
tra dorénavant des envois d'armes américaines..."

Le verbe i(e)fʃer ne suppose pas une expression aspectuelle de durée ou de ponctualité. L'expression aspectuelle de durée est imposée
à la phrase par la construction i(e)f erʃmeata[15].

---

11 hafax peut être aussi ponctuel : hu/hafax/daf/, "il/a tourné/(une) page."

12 Traduction littérale d'après le sens premier de ce verbe. Ici il a un sens
figuré. L'équivalent français serait "s'abattre" (v. traduction).

13 Pas dans le contexte ; sous entendu.

14 .iarda peut être aussi ponctuel : hi/iarda/min/ha/otobus,"elle/est descendue/
de/l'/autobus."

15 i(e)afʃer peut être aussi ponctuel : ha/n(e)hag/i(e)afʃer/li/laredet/ba/taxa-
na,"le/conducteur/me/permettra/(de) descendre/à la/station (arrêt)."

Le contexte fait état en fait d'un "état de permission" rendant possible les envois d'armes par Bonn à chaque fois que la situation le requiert. La limite temporelle antérieure de cet état, dont la limite postérieure n'est pas marquée, est indiquée par l'adverbe meata.

b) Ponctuel

Français

> La vérité <u>sera</u> peut-être <u>connue</u> lorsque la commission d'enquête libyenne, qui détient les pirates de l'air, aura terminé ses travaux.

Le verbe connaître ne suppose pas une action durative ou ponctuelle. Il peut indiquer un "état de connaissance"[16] ou bien "l'acte de faire la connaissance"[17]. Dans la phrase supra, l'expression aspectuelle de ponctualité (l'action de faire connaître quelque chose à quelqu'un, en l'occurrence au grand public) est imposée par la construction verbe (sera connu) + locution adverbiale (lorsque la commission d'enquête .... ses travaux).

Hébreu

pit'om	be	ir	zara	ani	megale	∫e	kol
soudain	dans	(une) ville	étrangère	je	découvrir présent masculin	que	tous

otam	ana∫im	zarim	li
ces	gens	(sont) étrangers	à moi

"Dans une ville étrangère je découvre soudain que tous ces gens me sont étrangers."

Le verbe legalot (découvrir) en hébreu ne suppose pas une action durative ou ponctuelle[18]. Dans la phrase supra l'expression aspectuelle de ponctualité est imposée par la construction verbe (megale) + adverbe (pit'om).

---

[16] comme dans : "Je le connais depuis mon enfance."

[17] comme dans : "Je l'ai connu à la fête de la St.-Jean."

[18] Dans la phrase l(e)at l(e)at/hu/gila/∫e/i∫to/bogedet/bo, "petit à petit/il/ a découvert/que/sa femme/le/trahissait" le verbe legalot "désormais" est d'expression aspectuelle durative.

2. L'EXPRESSION ASPECTUELLE DURATIF / PONCTUEL EST IMPOSÉE A LA PHRASE PAR LA CONSTRUCTION SUJET + VERBE (S + V)

En français et en hébreu, dans plusieurs phrases, l'expression aspectuelle de durée ou de ponctualité est imposée conjointement par le sujet + le prédicat (verbe). Ces phrases présentent les caractéristiques suivantes :

- Le lexème du verbe de la phrase ne suppose pas une action durative ou ponctuelle ; l'expression aspectuelle est imposée par sujet + verbe (S + V).

- L'opposition duratif/ponctuel est toujours pertinente quoiqu'elle ne soit pas toujours mise en relief.

- L'élément S de la construction S + V, impliquant une durée temporelle, s'impose au verbe et détermine conjointement avec lui l'expression aspectuelle durative ou ponctuelle de la phrase.

Analysons les phrases françaises et hébraïques suivantes :

a) Duratif

Français

Pour ce nouvel itinéraire, les anciens de la compagnie nationale gagneront Pékin par la route du nord qui passe par les monts du Kanakoram et le désert du Sinkiang.

Le verbe passer ne suppose pas une action durative ou ponctuelle. Dans le texte apporté ci-dessus la proposition subordonnée qui passe ... décrit la route du nord de la proposition principale ; il est évident, par ailleurs, que la route du nord est le sujet du verbe passer. La phrase la route du nord + passe exprime ici une vérité connue et perpétuelle[19].

---

19 Quand le sujet de la phrase est du type + *humain* la construction *S* + passer peut soit imposer à la phrase l'expression aspectuelle ponctuelle le facteur passe chez nous tous les jours, soit ne pas imposer une expression aspectuelle de durée ou de ponctualité, (M. Boudreau passe chez nous aujourd'hui) ; par contre, la route (- *humain*) + passer impose toujours une expression aspectuelle durative. On pourrait bien sûr, affirmer que le facteur passe n'implique pas forcément une expression aspectuelle, or il nous semble que dans une situation de communication cette construction impliquerait normalement une ponctualité.

Le torchon brûle entre la Libye et l'Egypte. Au discours relativement modéré du président Sadate hier <u>a répondu une diatribe enflammée du colonel Khadafi</u>...

Diatribe, le sujet du verbe **répondre**, implique que la réponse a été d'une certaine durée. L'expression durative est renforcée par l'épithète **enflammée**[20].

Hébreu

leaxar	ha	iamim	ha	kaʃim	ʃe	avru	aleinu
après	les	jours	les	difficiles, durs	qui	passer *passé 3e pers. pl.*	sur nous

Nous sommes obligés de proposer deux traductions : l'une respectant le style et les règles de syntaxe de la langue française visant à rendre le texte hébraïque compréhensible au lecteur non hébraïsant, l'autre, littérale, qui fera ressortir les faits de langue hébraïque qui nous intéressent.

1) (contextuelle) "après les jours difficiles que nous avons connus ... "

2) (littérale) "après les jours difficiles qui sont passés sur nous..."

Le verbe **laavor** ("passer"), tout comme son analogue français, ne suppose pas une expression aspectuelle durative ou ponctuelle ; cette expression est imposée à la phrase par la construction "**haiamim ha kaʃim ʃe avru**[21].

mar	peres ...	diber	bi	r(e)aion	le	ioman
monsieur	Peres[22]	parler *passé 3e pers. sg.*	dans	(une) interview	pour	(le) journal

haʃavua	ʃe	ʃudar
(de la) semaine	qui	diffuser *voix passive 3e pers. sg.*

"M. Peres ... a parlé dans une interview pour *le journal de la semaine*[23] qui a été diffusée ..."

---

[20] Il faut signaler que l'expression aspectuelle durative est renforcée aussi par le contexte extra-linguistique ; le lecteur averti suppose qu'une diatribe du colonel Khadafi contre le président Sadate est forcément prolongée.

[21] Voir aussi note 19.

[22] Ancien ministre de la défense d'Israël.

[23] Programme de reportages hebdomadaire de la télévision israélienne.

Le verbe l(e)ʃader ("émettre, diffuser") ne suppose pas une action durative ou ponctuelle[24]. Dans la phrase supra l'expression aspectuelle durative est imposée à la phrase par la construction r(e)-
aion ʃe ʃudar, S + V.

b; Ponctuel

Français

> **Un simple coup d'oeil** sur la carte Michelin n° 90 nous **permet de**
> **constater** que, si le littoral oriental est généralement rectili-
> gne...

L'expression aspectuelle ponctuelle de la phrase est imposée par
Un simple coup d'oeil + permet . Etant donné que l'objectif de cette
phrase consiste à mettre en relief la brièveté de l'action, son expression aspectuelle de ponctualité devient un élément d'information très
pertinent, voire crucial.

Hébreu

axzava	nigrema	lemeot	maʃki(i)m	ʃe	xaʃvu
(une) décep-	causer	(à des) cen-	(d') investis-	qui	penser
tion	*voix passive*	taines	seurs		*passé 3e*
	passé 3e				*pers. pl.*
	pers. sg.				

"Une déception a été causée à des centaines d'investisseurs qui
avaient pensé ..."

axzava ("déception") est une sensation qui se produit instanta-
nément, ses corollaires pouvant se ressentir plus longtemps ; c'est
pourquoi ce terme, en fonction de sujet, impose à la phrase, conjointement avec le verbe, l'expression aspectuelle de ponctualité.

3. L'EXPRESSION ASPECTUELLE DURATIF / PONCTUEL EST IMPOSÉE A LA PHRASE PAR LE VERBE ET SON COMPLÉMENT D'OBJET

En français et en hébreu, dans nombre de phrases, l'expression
aspectuelle de durée ou de ponctualité est imposée conjointement par

---

[24] l(e)ʃader équivaut parfois à "émettre" : l(e)ʃader^1/ot^2, "émettre/(un)^1 signal"^{2},
tout dépendant du contexte.

le verbe et par son complément d'objet. Ces phrases présentent les caractéristiques suivantes :

- Le lexème du verbe de la phrase ne suppose pas une action durati-ou ponctuelle ; l'expression aspectuelle y est imposée par *verbe + complément d'objet* (V + O).

-L'expression de durée ou de ponctualité est toujours pertinente.

- L'élément O de la construction V + O, impliquant une durée ou ponc-tualité temporelle, s'impose au verbe et détermine conjointement avec lui l'expression aspectuelle durative ou ponctuelle de la phrase.

a. Duratif

Français

> Les quatre frères et soeurs vont connaître à l'ombre de la nurse-ry une enfance douillette troublée seulement par les disputes d' usage...

Le verbe connaître ne suppose pas normalement une action durati-ve ou ponctuelle ; ainsi, dans la phrase je l'ai connu à la St. Jean il implique une action momentanée, l'attention de l'interlocuteur étant attirée vers l'action de "faire la connaissance d'autrui" et les cir-constances dans lesquelles elle survint. En revanche, dans la phrase qui nous intéresse l'expression aspectuelle durative imposée par V + O implique un état qui a duré toute une époque, définie par enfance, le complément d'objet du verbe connaître.

> En dépit des démentis officiels, les relations entre Moscou et Le Caire traverseraient une nouvelle crise.

Le verbe traverser ne suppose pas normalement une action durative ou ponctuelle ; ainsi, dans il a traversé la frontière à 15h30 ce ver-be exprime une action ponctuelle. Dans la phrase en question, la cons-truction traverseraient une nouvelle crise décrit un état d'une cer-taine durée. L'expression aspectuelle de durée est imposée à V + O par le caractère duratif du mot crise ; V + O impose à son tour cette ex-pression aspectuelle à la phrase[25].

---

[25] Nous remarquions que le verbe traverser se trouve à l'imparfait lequel peut dans certains cas imposer une expression aspectuelle durative (v. 4ème Partie .. le chapitre sur l'imparfait). Or ici l'expression aspectuelle durative de la phrase ne changerait pas si le temps du verbe changeait : la phrase En dépit des démentis of-ficiels les relations entre Moscou et Le Caire traversèrent une nouvelle crise gar-de toujours son expression aspectuelle de durée.

> Chaque soir <u>à 20h30</u> sauf le lundi et le jeudi France-musique <u>re-transmettra des concerts</u> donnés au cours de festivals français ou étrangers.

Comme dans les phrases précédentes, l'expression aspectuelle de durée de cette phrase est imposée par V + O : retransmettre + concerts. Nous remarquons par ailleurs que le caractère duratif de la construction V + O de cette phrase s'impose à l'adverbe temporel à 20h30 changeant son aspect. Normalement cette locution adverbiale indique un point dans le temps auquel une action a eu lieu ("il est parti à 20 h 30"). Or, ici, sous l'influence de V + O, elle indique le point de départ d'une action durative équivalant ainsi à une locution adverbiale du type "à partir de ..."[26]

On trouve le même phénomène dans la phrase suivante :

> Guy Béart présentera[27] ce soir, 24 juillet à 21h35, sur la première chaîne, le cinquième numéro de la série "Bien-venu".

La construction présentera le cinquième numéro (V + O) s'impose à la locution adverbiale à 21h35 changeant son expression aspectuelle (= "à partir de 21h30").

Hébreu

ha	rabanut	hatsavait	iaxad	im	ha	miʃtara
le	rabinat	militaire	ensemble conjoin-tement	avec	la	police

ha	tsvait	asu	avodat	nemalim
	militaire	faire *passé 3e pers.pl.*	(un) tra-vail	(de) fourmis[28]

"Le rabinat militaire conjointement avec la police militaire firent un travail ardu, long et minutieux ..."

Le verbe la(a)sot ("faire") ne suppose pas une action durative ou ponctuelle ; ainsi hu/asa/tnua/mehira, "il/fit/(un) geste/rapide", implique une action ponctuelle. Dans la phrase donnée plus haut l'ex-

---

[26] On trouve le même phénomène en hébreu : Kol/israel/i(e)ʃader/bi/ʃmone/vaxetsi/ kontsert ..."(La) voix/(d') Israël/transmettra/à/8h30/(un) concert."

[27] Le verbe **présenter** peut être de caractère ponctuel : il me présenta sa femme lors de la réception. L'expression durative de la phrase est donc imposée par pré-senter + le cinquième numéro.

[28] "Un travail de fourmis" est une expression hébraïque se prêtant à la traduc-tion "un travail ardu long et minutieux".

pression aspectuelle durative est imposée par V + O, asu avodat nemalim et plus particulièrement par le caractère duratif du complément
d'objet direct **avodat nemalim**.

hu	hitsig	et	deotav	be	sixa	ʃe	arxa
il	présenter	*accusa-*	ses idées	dans	(une) con-	qui	durer
	passé 3e	*tif*			versation		*passé*
	pers. sg.						*3e pers.*
							sg.

arba	ʃaot
quatre	heures

"Il présenta ses idées dans une conversation qui dura quatre heures."

Le verbe présenter en hébreu peut être ponctuel : hu/hitsig[1]/li[2]/
et/iʃto[4] [1]me[3]présenta[2]sa[4]femme."

Dans la phrase apportée ci-dessus l'expression aspectuelle de durée est imposée par la construction V + O, **hitsig et deotav**[29].

b. *Ponctuel*

Français

Après avoir traversé le terre-plein central et rebondi sur les
glissières de sécurité elle est tombée dans un petit ravin en con-
trebas.

Le verbe **traverser**, comme on l'a déjà vu au chapitre précédent,
ne suppose pas une action durative ou ponctuelle. Ici encore, son expression aspectuelle dépend de "la chose traversée". Si on traverse
une crise, le verbe implique une durée, si on traverse la frontière,
il implique une ponctualité. Dans la phrase supra il y a une succes-
sion de deux événements, survenus rapidement : la traversée du terre-
plein central et le rebondissement sur les glissières de sécurité.Ici,
à cause de "la chose traversée" l'interlocuteur présume une action de
caractère ponctuel.

Hébreu

heler	hosifa	medalia	le	miʃlaxat	israel
Heller	ajouter	(une) médaille	à	(la) délégation	(d') Israël
	passé 3e				
	pers. sg.				

---

[29] L'expression de durée de la phrase est renforcée par **dans une conversation qui dura quatre heures**, or elle est imposée par V + O, et plus particulièrement par le caractère duratif de O, parce que l'interlocuteur présume qu'une présentation d'idées se déroule pendant un certain temps.

```
be        manila
à         Manille
```

"Heller[30] ajouta une médaille à la délégation d'Israël à Manille.

Le verbe lehosif ("ajouter") en hébreu ne suppose pas une durée ou une ponctualité[31]. Dans la phrase supra hosifa exprime la simple action ponctuelle d'ajouter quelque chose à quelque chose. Cette expression aspectuelle est imposée par "la chose ajoutée" (une médaille) complément d'objet du verbe.

---

[30] Nom d'une athlète israélienne.

[31] Dans la phrase : hu/hosif/ki/leda(a)to/haita/israel, etc., il/ajouta/que/à/ son avis/était/Israël, etc. le verbe hosif est de caractère duratif, son expression aspectuelle étant imposée ici aussi par le complément d'objet (ajouter de propos à d'autres propos).

TROISIÈME PARTIE

L'OPPOSITION DURATIF / PONCTUEL
IMPOSÉE PAR LE CONTEXTE

L'expression aspectuelle de durée ou de ponctualité de nombre de phrases hébraïques et françaises est imposée par *le contexte linguistique ou extra-linguistique*.

Il serait utile de définir les deux termes :

1) Le contexte linguistique :

Nous nous référons à deux facteurs éventuels :
a) le sens global de la phrase
b) le texte large auquel la phrase ressortit. Ce contexte influe sur le contenu de la phrase.

2) Le contexte extra-linguistique :

La situation ou les circonstances connues des interlocuteurs dans lesquelles le message a été émis. Puisqu'il s'agit d'une situation de "connivence extra-linguistique" entre les interlocuteurs, le contexte extra-linguistique peut influer sur le contenu du message.

Comme dans les cas précédents étudiés supra, l'expression aspectuelle durative/ponctuelle imposée à la phrase par le contexte linguistique ou extra-linguistique est pertinente au message ; si elle n'était pas explicitée la phrase pourrait se prêter à diverses interprétations. Exemple :

Le pouvoir refuse toute négociation véritable.

Cette phrase, qui sera analysée plus loin dans son contexte, faute d'éléments de précision aspectuelle, se prête aux interprétations suivantes :

- Elle exprime un état de refus de la part du pouvoir - *duratif*

- A un moment donné, pour des raisons non explicitées, le pouvoir refuse toute négociation véritable ("au dernier meeting le pouvoir...")
- *ponctuel*.

Les éléments de précision aspectuelle seront apportés à cette phrase par son contexte linguistique ou extra-linguistique.

1. L'EXPRESSION ASPECTUELLE DURATIF / PONCTUEL EST IMPOSÉE PAR LA PHRASE OU PAR LE CONTEXTE LINGUISTIQUE

a. Duratif

Français

1. L'occupation de l'entreprise Lip par les forces de police, à la veille du 15 août, est une opération délibérée.

2. Elle souligne la nature anti-démocratique/du pouvoir qui underline{refuse} toute négociation véritable/et qui s'efforce de diviser et d'isoler les travailleurs.

Contrairement à l'ambiguïté aspectuelle de la phrase citée plus haut, l'expression aspectuelle de la phrase entre barres obliques dans ce texte[32] est bien explicite. L'expression aspectuelle est mise en évidence par le contexte : la phrase 2. décrit un état mis en relief par l'événement décrit en 1. et caractérisé par le refus décrit en /..../. L'acte du refus devient donc un état permanent.

En effet, la formule de Genève mise au point au début du mois de juin permet une réévaluation mensuelle des prix du brut en fonction des fluctuations monétaires, qu'elles affectent des monnaies faibles comme le dollar ou des monnaies fortes comme le deutsch-mark.

Le verbe permet exprime une "situation de permission" rendant possible une réévaluation mensuelle en fonction des fluctuations monétaires. L'expression aspectuelle de durée de ce verbe est imposée globalement par le contexte.

Dans le texte analysé par la suite, l'expression aspectuelle de

---

[32] Les deux phrases sont en fait presque identiques, les différences n'ayant aucun impact sur leurs expressions aspectuelles.

durée est imposée par la phrase et non pas par le contexte. C'est pourquoi on apporte seulement la phrase sans son contexte :

> Cette Grèce des montagnes, pauvres, dures, repliée sur elle-même,
> s'oppose à celle, brillante et cosmopolite, des villes de la côte
> comme Athènes et Salonique.

Nous avons vu dans un autre chapitre que le verbe s'opposer peut
être ponctuel[33] ; ici le verbe, comme la phrase tout entière, exprime
une vérité d'ordre général d'une durée illimitée. Elle implique une situation *caractérisée* par le verbe (s'opposer). L'expression aspectuelle durative de ce verbe est imposée par la phrase. Les verbes qui ne
supposent pas une action durative / ponctuelle sont particulièrement
"sensibles", sur le plan aspectuel, aux fluctuations contextuelles. Ainsi, si le texte supra était légèrement modifié, le verbe s'opposer pourrait changer d'aspect. Ajoutons à la phrase supra la locution dans un
match de football, on aura alors la phrase suivante :

> Cette Grèce des montagnes, pauvres, dures, repliée sur elle-même,
> s'oppose dans un match de football à celle, brillante et cosmopo-
> lite, des villes de la côte comme Athènes et Salonique.

dans laquelle l'expression de vérité éternelle du verbe s'opposer se
voit réduite à l'expression d'une action de durée limitée fortuite et
éphémère.

On peut, peut-être, expliquer ce changement du caractère aspectuel de la phrase de la façon suivante : dans la phrase originale les attributs accompagnant "les deux Grèces" (pauvres, dures .../brillantes,
cosmopolites...) étant de caractère contrastif, ils imposent au verbe
s'opposer - et conjointement à la phrase - l'expression d'éternité, de
vérité d'ordre général. En incorporant dans la phrase la locution dans
un match de football, la domination aspectuelle des attributs est es-
tompée et la phrase se voit imposer une expression aspectuelle durative limitée. Si on changeait encore dans la phrase la locution dans un
match de football par la locution dans la vie politique de la Grèce,
l'expression de "durée limitée fortuite et éphémère" deviendrait une
expression de vérité d'ordre général mais non pas éternelle comme c'est
le cas dans la phrase originale. C'est en gardant toute la valeur aspectuelle de la contrastation entre les attributs des "deux Grèces" qu'
on préserve l'expression aspectuelle d'éternité.

---

[33] Par X votes contre Y le Sénat américain s'est opposé à la politique cambodgienne du président Nixon, voir Introduction.

hem	xaʃvu	ki	israel	xazaka	maspik	doxa
ils	penser croire *passé 3e pers. pl.*	que	(une) Israël	forte	assez	rejeter *prés.3e pers.sg.*

kol	r(e)aion	ʃel	hesder
toute	idée	de	arrangement compromis

"Ils[34] pensèrent qu'une Israël assez forte rejetait toute idée de compromis."

Le temps passé du texte est déterminé par le verbe de la phrase principale xaʃvu. Cette phrase, qui constitue en fait le contexte linguistique de la subordonnée, impose au verbe doxa, et avec lui à toute la phrase, l'expression aspectuelle de durée. Dans un contexte différent ce même verbe dans la même phrase pourrait exprimer une action ponctuelle :

ba	rega	haax(a)ron	israel	xazaka	maspik
au	moment	dernier	Israël	forte	assez

doxa	kol	r(e)ion	ʃel	hesder
rejeter *prés. 3e pers. sg.*	toute	idée	de	arrangement compromis

"Au dernier moment une Israël assez forte rejette toute idée de compromis."

On pourrait imaginer cette phrase comme manchette d'une nouvelle ou d'un article de presse. En hébreu, comme en français, on constate la "vulnérabilité aspectuelle" des verbes qui n'impliquent pas une expression aspectuelle de durée ou de ponctualité.

moskva	mitnagedet	lexax	ʃe	be	heskem
Moscou	s'opposer *prés. 3e pers. sg.*	à ce	que	dans	l'accord

hafsakat ha eʃ	ein	driʃa	li	nesiga	israelit
(de) cessez-le-feu	il n'y a pas	(une) exi- gence	pour	(une) re- traite	israélienne

"Moscou s'oppose à ce que dans l'accord de cessez-le-feu il n'y ait pas une exigence de retraite israélienne."

Cette phrase se prête à deux interprétations :

1) Si l'opposition de Moscou était exprimée à un forum quelconque, comme à un vote à l'ONU, la phrase serait d'expression aspectuelle ponc-

---

[34] Certains centres politiques israéliens critiqués par l'article dont la phrase est extraite.

tuelle, parce qu'elle attirerait l'attention de l'interlocuteur essen-
tiellement sur la façon de voter de Moscou dans ce cas particulier.

2) Le texte décrit l'attitude habituelle de Moscou à l'endroit de l'
accord mentionné dans le texte, auquel cas il exprimerait une "vérité
d'ordre général".

Afin de lever cette ambiguïté aspectuelle, l'interlocuteur est con-
traint de recourir au contexte large de la phrase apporté par la suite:

ha	kremlin	hibia	haiom	i sviut ratson	me
le	Kremlin	exprimer *passé 3e* *pers. sg.*	aujourd'hui	(son) insatisfaction	de

heskem	hafsakat ha eʃ	ʃe	iazam [35]	kisinger
(l') accord	(de)cessez-le-feu	que	arranger	Kissinger

"Le Kremlin exprima aujourd'hui son insatisfaction de l'accord de
cessez-le-feu arrangé par Kissinger." (littéralement : "que Kissinger arrangea").

Le contexte impose à la phrase l'expression aspectuelle durative.
Il s'avère du contexte que l'opposition du Kremlin n'était pas une attitude virtuellement temporaire, exprimée par un vote, mais l'attitude
habituelle que Moscou a fait connaître par sa déclaration.

b. Ponctuel

Français

Par soixante-trois voix contre dix neuf / le Sénat américain refuse le financement des bombardements du Laos et du Cambodge/.

La phrase entre barres obliques se prête à l'ambiguïté aspectuelle ; abstraction faite du contexte (locution précédente) la phrase pourrait exprimer une attitude générale du Sénat américain à l'égard du financement des bombardements du Laos et du Cambodge. Or, sous l'influence du contexte par soixante voix contre dix-neuf, la phrase - tout en
impliquant virtuellement une attitude habituelle du Sénat - *attire l'*
attention de l'interlocuteur sur l'action ponctuelle du vote. C'est
donc le contexte de la phrase qui lui impose l'expression aspectuelle
de ponctualité.

---

[35] Le verbe **iazam** est dérivé du mot **iozma** qui signifie "initiative" et se tradui-
rait littéralement par : "a eu l'initiative de ..". La traduction proposée ici vise
à faciliter la compréhension du texte par le lecteur francophone non hébraïsant sans
toutefois viser le texte hébraïque.

Hébreu

pit'om	ʃamanu	ra(a)ʃ	aiom	ve	raiti	ʃe
soudain	entendre	bruit	terrible	et	voir	que
	passé 1e				*passé 1e*	
	pers.pl.				*pers. sg.*	

ha	onia	hitnagʃa	ba	slaim	ve	ha	onia
le	bateau	se heurter	aux	rochers	et	le	bateau
		passé 3e					
		pers. sg.					

amda	al	tsida
être	sur	son côté
debout		
passé 3e		
pers. sg.		

"Soudain nous avons entendu un bruit terrible et j'ai vu que le
bateau s'est heurté aux rochers et le bateau s'est mis[36] sur son
côté."

Le texte rapporte deux incidents successifs survenus momentané-
ment[37] au bateau "Annette", échoué au port d'Ashdod en Israël :

1) il s'est heurté aux rochers

2) en conséquence de cet accident il "s'est mis debout (amda) sur son
côté (flanc)".

Le verbe la(a)mod en hébreu - dont amda est la troisième personne singulier du passé - exprime normalement l'état de "être debout" :

1   2   3   4   5   6 7
hu   amad[38] ve xika kol haiom

1   2   3   4   5   6   7
il / s'est tenu debout / et / a attendu / toute / la journée.

Il est donc normalement d'expression aspectuelle durative. En revanche, dans le texte précédent il exprime une action momentanée consistant à passer d'un état à l'autre, en l'occurrence, au passage du
bateau de son état normal sur l'eau à l'état d'inclinaison sur son flanc
survenu à cause de la collision contre les rochers.

Cette expression d'action momentanée ressort du contexte ; on ne
saurait pas y indiquer des éléments isolés à qui on pourrait en impu-
ter la "responsabilité".

La versatilité et la dépendance aspectuelles du verbe la(a)mod
sont bien illustrées dans la phrase hébraïque :

---

[36] Dans l'original hébraïque amda qui, littéralement traduit, serait rendu par
"s'est mis debout".

[37] Le texte met en relief l'aspect de momentanéité des deux événements.

[38] 3ème personne au masculin singulier du passé du verbe la(a)mod.

amadnu̇ ka(a)ʃer hamore niẋnas qui, faute de contexte explicitant, peut être rendue en français par les deux phrases suivantes :

1)   "Nous étions debout / quand / l'instituteur / est entré" *(duratif)*

2)   "Nous nous sommes mis debout / quand / l'instituteur / est entré ."
(ponctuel)

2. L'EXPRESSION ASPECTUELLE DURATIF / PONCTUEL EST IMPOSÉE PAR LE CONTEXTE EXTRA-LINGUISTIQUE DE LA PHRASE

Dans une situation de communication le contexte extra-linguistique peut être de valeur capitale. Ce contexte se présente sous une variété de formes : une situation politique donnée, un domaine particulier intéressant les interlocuteurs (sport, théâtre, etc.)

La connivence extra-linguistique entre les interlocuteurs, qui constitue le dénominateur commun de toutes ces situations, est un facteur très important, vu qu'elle leur permet d'économiser sur des moyens linguistiques à la transmission du message et d'assigner à leur guise des emplois particuliers aux éléments linguistiques.

A titre d'exemple, supposons la situation suivante : la secrétaire ouvre la porte et demande au patron,"je peux ?" et le patron, étant donné les circonstances, interprète le message comme,"me permettez-vous d'entrer ?" et répond,"oui" ou "bien sûr", etc. Dans d'autres circonstances le verbe "pouvoir" serait différemment interprété par les interlocuteurs ; supposons qu'une personne demande à une vieille dame qui s'apprête à monter les escaliers - "pouvez-vous ?" la vieille dame lui répondait,"Oh, je le fais tous les jours." Dans la première phrase l' intonation interrogative est parfois rhétorique et exprime une attitude du locuteur (politesse) envers son supérieur. La signification "pouvoir" s'y approche de celle du verbe "permettre" dans nombre de textes ("permettez-moi d'entrer") ou bien exprime quelque chose comme "est-ce le moment propice d'entrer ?"

Dans le deuxième dialogue, en revanche, l'intonation interrogative est pertinente et le verbe "pouvoir" maintient la signification habituelle de "être capable de".

Le contexte extra-linguistique peut aussi s'imposer à la phrase pour lui prêter une expression aspectuelle de durée ou de ponctualité. Pour le démontrer nous analyserons ci-après des phrases françaises et hébraïques dont l'expression aspectuelle durative/ponctuelle est imposée par le contexte extra-linguistique.

a. *Duratif*

Français

> A la vérité, pendant les trois ans qui s'étaient écoulés, l'athlé-
> tisme polonais avait réussi sa mutation ; il avait accompli de ré-
> els progrès. Le nôtre avait stagné.

L'unité adverbiale temporelle pendant trois ans marque les limites d'une période *à l'intérieur de laquelle* l'action du verbe qu'elle accompagne, réussir en l'occurrence, s'est déroulée. Ceci impliquerait que la réussite de la mutation de l'athlétisme polonais n'a pas dépassé cette période de trois ans. Elle aurait même pu être ponctuelle, momentanée, à l'intérieur de cette époque. Or, des facteurs extra-contextuels y intervenant prêtent au texte une expression aspectuelle durative ; le lecteur "sait" que la réussite de cette mutation fut atteinte *au bout* de la période de trois ans et ses répercutions se firent ressentir bien après.

Le décodage du message ne dépend donc pas exclusivement de ses éléments linguistiques constituants, il s'inspire aussi des facteurs extra-linguistiques comme les circonstances dans lesquelles le message fut émis, le background intellectuel et culturel de l'interlocuteur, etc. Ces facteurs, sur le plan de la communication linguistique, sont parfois très puissants au point de pouvoir influencer les interprétations habituelles des éléments linguistiques du message par les interlocuteurs. L'auditeur "comprend" ce que le locuteur "dit" et surtout ce qu'il "veut" dire. Pour y arriver faut-il que les interlocuteurs se trouvent en parfaite "connivence linguistique". Grâce à cette "connivence", dans le texte apporté ci-dessus, l'interlocuteur (le lecteur en l'occurrence) a compris ce que le locuteur a voulu dire en interprétant l'unité adverbiale pendant trois ans conformément au sens que le locuteur a voulu lui prêter.

Hébreu

ba	rega	ʃe	tsahal[39]	omed	al	raglav	`ein
au	moment	que	Tsahal	e.debout *prés. 3e pers. sg.*	sur	ses jambes	il n'y a pas

---

[39] sigle de l'armée d'Israël, de <u>tsva</u> <u>hagana</u> <u>Ieisrael</u> ("Armée de Défense d'Israël)

le   oivav   ʃum   sikui
pour   ses ennemis aucune   chance

"Au moment où la Tsahal est "debout sur ses jambes", ses ennemis n'ont[40] aucune chance."

N.B. L'expression hébraïque "être debout sur ses jambes" serait mieux rendue, du point de vue de la stylistique française, par "en forme", revigoré, or vu que nous attirons ici l'attention sur des faits de langue hébraïques, nous avons opté pour une traduction littérale.

L'unité adverbiale ba rega ʃe ("au moment où") définit normalement une action ponctuelle, momentanée :

$\overset{1}{ba}$ / $\overset{2}{rega}$ / $\overset{3}{ʃe}$ / $\overset{4}{hu}$ / $\overset{5}{nixnas}$ / $\overset{6}{hem}$ / $\overset{7}{kamu}$

$\overset{1}{au}$ / $\overset{2}{moment}$ / $\overset{3}{où}$ / $\overset{4}{il}$ / $\overset{5}{entra}$ / $\overset{6}{ils}$ / $\overset{7}{se\ mirent\ debout}$"

L'unité adverbiale marque le moment de l'action consistant à passer de l'état "assis" à l'état "debout". Or, ici dans notre texte, il serait impropre de présumer que l'état de revigorement de l'armée israélienne, (époque en question caractérisée par "être en forme"), était momentanée. Ce serait une affirmation particulièrement singulière dans un texte de louanges pour l'armée d'Israël. Le lecteur averti (connivence entre les interlocuteurs) est "censé présumer" que l'unité adverbiale temporelle ba rega exprime une époque plutôt qu'un moment dans le temps. Pour lui donc ba rega ʃe équivaudrait à $\overset{1}{min}$ / $\overset{2}{harega}$ / $\overset{3}{ʃe}$, "à $\overset{4}{}$partir / du / moment / où", et le texte assumerait le sens que le locuteur voulait sûrement lui donner : min harega ʃe tsahal... : "à partir du moment où la Tsahal..."

En vertu de cette interprétation, régie par des facteurs extra-linguistiques, la phrase est d'expression aspectuelle durative en dépit du fait que l'adverbe temporel est de caractère ponctuel.

b. Ponctuel

Français

Cependant les autorités françaises espèrent que la rupture des relations diplomatiques n'affectera pas durablement les relations franco-péruviennes.

Le premier ministre péruvien a déclaré de son côté que "son gouvernement était confiant et que les relations pourront reprendre rapidement quand le gouvernement français renoncera à effectuer des essais nucléaires sur l'atoll de Muroroa."

---

[40] Le verbe "avoir" n'existe pas en hébreu ; il est rendu par la construction ieʃ /ein + le : "il y a/il n'y a pas" + "pour"

La construction **reprendre rapidement** exprime normalement un processus qui, tout en étant de courte durée (rapidement), est duratif. Or, d'après le contexte et nos connaissances des excellentes relations qui régnèrent toujours entre la France et le Pérou, on devrait interpréter cette construction comme "reprendre immédiatement sans aucun délai" dès que la France satisfera aux exigences péruviennes. Il s'ensuit donc que dans ce contexte la phrase est d'expression aspectuelle ponctuelle. Cette interprétation relève surtout de l'intention que le locuteur prêterait normalement à un premier ministre dont l'intention est de mettre en relief les bonnes relations entre son pays et la France, qui se heurtent actuellement au seul obstacle des essais nucléaires à Muroroa ; à des fins de propagande, pour faire valoir les griefs de son pays envers la France, il doit affirmer qu'une fois cet obstacle levé rien ne devrait empêcher la reprise des relations , qui surviendrait sans aucun délai.

Hébreu

netia	letovat	brit hamo(a)tsot	ba	ma(a)zan[41]
(une) tendance	en faveur	de (l') Union Soviétique	dans	(la) balance

hatsvai	ba	mizrax	hatixon
militaire	au	orient	moyen

"Une tendance en faveur de l'Union Soviétique dans le rapport de forces au Moyen-Orient."

On remarquera que la phrase ne contient pas de verbe. Quant à son expression aspectuelle, elle se prête à deux interprétations :

1) La tendance en question est un processus en train de se dérouler; la phrase est donc d'expression aspectuelle *durative*.

2) On annonce l'amorce du processus, la phrase est d'expression aspectuelle *ponctuelle*.

Le texte ne contient pas les éléments linguistiques susceptibles de trancher ; en fait, si on présentait à un lecteur cette phrase hébraïque, qui malgré l'absence d'un verbe est conçue comme grammaticale et intégrale[42], il hésiterait à opter pour l'une ou l'autre des inter-

---

[41] Traduction littérale ; on trouverait l'expression "rapport de forces" plus approprié au texte français. C'est pourquoi on l'emploie à la traduction.

[42] En français aussi d'ailleurs, on trouve maintes phrases sans verbes dans le jargon de la presse, de la radio et de la télévision dont les ambiguïtés sont levées

prétations citées ci-dessus.

Cette phrase fut écrite dans le contexte des événements qui suc-
cédèrent à la guerre de 1973 au Moyen-Orient (la guerre du Kipur) pour
expliquer une de ses séquelles ; le lecteur à cette époque présuma que
cette tendance stratégique, dont la phrase fait état, est l'amorce d'
un précessus déclanché par la guerre du Kipur. La phrase est donc d'expression aspectuelle ponctuelle.

---

par le contexte extra-linguistique. Nous avons trouvé ce type de phrase dans des ti-
tres comme, par exemple, celui d'une série télévisée présentée par France Culture
"Le livre, ouverture sur la vie" qui fut produite par Monique Bermont et Roger Bos-
guié.

QUATRIÈME PARTIE

L'EXPRESSION ASPECTUELLE DE DURÉE IMPOSÉE EN FRANÇAIS PAR L'IMPARFAIT. ÉQUIVALENTS HÉBRAÏQUES

Le système verbal de l'hébreu est moins élaboré que celui du français
Malgré le plus grand nombre de modalités verbales en français les deux
langues rendent l'expression aspectuelle de durée et de ponctualité
par les mêmes moyens extra-verbaux ; à une exception près : dans nombre de phrases françaises l'expression de durée est imposée par l'imparfait. L'hébreu, ne possédant pas de modalité verbale équivalente,
se voit alors obligé de recourir à des moyens linguistiques extra-verbaux.

Cependant, on ne doit pas perdre de vue la nature varsatile de l'
imparfait français, l'imposition de l'expression aspectuelle de durée
n'étant qu'une de ses nombreuses fonctions. Shmuel Avisar, dans sa stylistique comparée du français et de l'hébreu[43], en proposant une traduction hébraïque pour les deux phrases françaises d'expression aspectuelle de durée que l'on verra plus loin, attribue à l'imparfait du verbe l'imposition de l'expression aspectuelle de durée, sans s'apercevoir
qu'en fait cette expression y est imposée par d'autres facteurs. L'imparfait assume un rôle différent dans ces phrases :

1)   Papa entra dans la cuisine, maman préparait le petit déjeuner.

2)   Dina dormait jusqu'au moment où le soleil entrait dans la chambre.
     Cette nuit-là elle se réveilla.

Dans la première phrase l'expression aspectuelle de durée est imposée par V + O (préparer + petit déjeuner) et non pas par l'imparfait.

---

[43] Shmuel AVISAR, *La méthode du thème et stylistique comparée*, Kiriat Sefer, Jérusalem, 1978.

Si on mettait le verbe **préparer** à un autre temps passé, ce temps changerait les rapports temporels entre **entrer** et **préparer** sans changer l'expression aspectuelle de durée de la phrase.

Dans la deuxième phrase l'expression de durée est imposée par le lexème verbal **dormir**. L'imparfait impose à la phrase le sens "d'action habituelle, maintes fois répétées".

Afin de souligner le "rôle duratif" de l'imparfait et les difficultés que ça pourrait créer pour le traducteur vers l'hébreu, Avisar propose de rendre le sens de durée de la première phrase au moyen de la locution.

aba	**matsa**	**et**	**ima**	**asuka**	**be**	**haxanat**
papa	trouver *passé 3e pers. sg.*	*accusatif*	maman	occupée	dans (la)	préparation

aruxat boker
(du) petit déjeuner

et de la deuxième phrase au moyen de la locution :

dina	**haita**	**regila**	**liʃon**
Dina	était	habituée	dormir

Or, étant donné que le sens de durée de la première phrase n'est pas imposé par l'imparfait mais plutôt par le moyen linguistique V + O qui existe aussi en hébreu, on peut le rendre en hébreu par une variété de locutions contenant V + O :

a)

aba	**matsa**[44]	**et**	**ima**	**mexina**[44]	**aruxat boker**
papa	trouver	*accusatif*	maman	préparer *présent 3e pers. sg.*	(le) petit déjeuner

b)

ka(a)ʃer	**aba**	**nixnas**[44]	**la**	**mitbax**	**ima**	**hexina**[45]
quand	papa	entrer *passé 3e pers. sg.*	dans la	cuisine	maman	préparer *passé 3e pers. sg.*

aruxat boker
(le) petit déjeuner

Dans les deux versions proposées ci-dessus, le sens de durée est

---

[44] La combinaison **matsa** (*passé*) + **mexina** (*présent*) exprime en hébreu la simultanéité temporelle au passé : ".. trouva maman en train de préparer ..."

[45] La construction **nixnas** (*passé*) + **hexina** (*passé*) exprime en hébreu la simultanéité temporelle au passé qui n'est pas toutefois aussi univoque que passé + présent

imposé par la construction V + O, le haxin + aruxat boker.
  préparer
  infinitif

Dans la version hébraïque proposée pour la phrase 2, Avisar admet, à son insu, que l'imparfait du correspondant français impose en fait le sens d'habitude et non pas le sens de durée.

Afin de repérer des phrases dans lesquelles le rôle essentiel de l'imparfait consiste à imposer l'expression de durée, nous avons procédé par la méthode d'analyse suivante : dans chaque phrase d'expression durative analysée dont le verbe se trouvait à l'imparfait, nous avons changé le temps du verbe ; si l'expression de durée de la phrase changeait, ça devait démontrer que l'expression de durée de la phrase était imposée par l'imparfait ; dans le cas contraire, nous avons conclu que le rôle de l'imparfait ne consistait pas à imposer à la phrase l'expression aspectuelle de durée.

Analysons, à titre d'exemple, la phrase suivante :

Les ministres se sont en effet mis d'accord pour faire bénéficier les travailleurs migrants d'une section du Fonds social à laquelle n'avaient droit jusqu'à présent que les travailleurs du secteur textile...

L'unité adverbiale temporelle, jusqu'à présent, tout en définissant la limite postérieure dans le temps de (avoir + droit) + ait, implique aussi qu'il s'agit d'une action continue dont le moment du commencement n'est pas précisé. L'imparfait du verbe "avoir" (n'avaient droit...) n'impose donc pas l'expression aspectuelle de durée. En appliquant la méthode d'analyse proposée supra, on constatera que le remplacement de l'imparfait par un autre temps passé n'est pas susceptible de modifier l'expression aspectuelle durative de la phrase :

Les ministres se sont en effet mis d'accord pour faire bénéficier les travailleurs migrants... à laquelle n'ont eu droit jusqu'à présent que les travailleurs du secteur textile.

Le passé composé met en relief l'aspect accompli de la phrase sans influer sur son expression aspectuelle de durée.

En revanche, dans le texte analysé infra, le remplacement de l'imparfait par un autre temps passé entraînerait la modification de l'expression aspectuelle durative de la phrase :

On ne nous posait pas cette question quand nos frères de race et de couleur s'étaient mis au ban de la grande famille du sport mondial.

Cette phrase fut prononcée par les membres d'une équipe sportive de Chine nationaliste dans le cadre d'une interview accordée à la presse ; elle implique une situation continue caractérisée par le fait que la question à laquelle les locuteurs font allusion ne se posait pas.

Le remplacement de l'imparfait de poser par le passé composé donnerait la phrase :On ne nous a pas posé cette question quand nos frères ... dans laquelle la question fut posée une seule fois quand nos frères de race et de couleur s'étaient mis au ban ...

La phrase avec l'imparfait exprime une situation ; sa contrepartie avec le passé composé (un événement survenu une seule fois) peut être ponctuel.

Comment rendrions-nous les deux variantes de la phrase en hébreu ? Pour la première nous serions tenus de nous procurer des expressions hébraïques susceptibles de rendre le sens de situation continue. Pour la deuxième nous rendrions l'expression aspectuelle en hébreu par une traduction tout à fait littérale :

a)

lo	nahagu	liʃˈol	otanu	ʃe(e)la	zo	ba tkufa
non	avoir l'ha-bitude de *passé 3e pers. pl.*	demander	nous *(accusatif)*	question	cette	à la époque

ʃe	axeinu ...	hotsiu atsmam mi klal ...
où, que	nos frères	se mettre au ban de *passé 3e pers. pl.*

"On n'avait pas l'habitude de nous poser cette question à l'époque où ..."

b)

lo	ʃa(a)lu	otanu	ʃe(e)la	zo	ka(a)ʃer ...
non	demander *passé 3e pers. sg.*	nous *(accusatif)*	question	cette	quand

hotsiu atsmam mi klal ...
se mettre au ban de[46]
passé 3e pers. pl.

Il faut donc distinguer les phrases où l'imparfait impose l'expression de durée des phrases où il ne l'impose pas. Il serait utile, quand même, de porter notre attention sur un type de phrases dans lesquelles l'imparfait renforce sans imposer, l'expression aspectuelle de durée. Il met en relief cette expression aspectuelle, attirant ainsi l'attention de l'interlocuteur sur le déroulement d'une action déjà

---

[46] Traduction de l'expression selon le sens ; la traduction littérale serait : "Ils se sont soustraits à l'ensemble de ..."

achevée au moment de la parole. Dans ces phrases, l'expression aspectuelle de durée est imposée par le lexème verbal ou par d'autres facteurs linguistiques ou extra-linguistiques et non pas par l'imparfait du verbe. Si on mettait le verbe dans un autre temps passé que l'imparfait, la phrase maintiendrait l'expression aspectuelle de durée or, l'attention de l'interlocuteur serait détournée du déroulement de l' action vers son achèvement :

> Il est clair, désormais, que Washington va tout mettre en oeuvre pour faire de l'Arabie Saoudite la puissance dominante du Golfe Persique, un rôle qu'ambitionnait pour son pays le Chah Reza Pahlevi.

L'hébreu peut rendre cette phrase sans difficulté, en employant un lexème verbal équivalant à celui du français dans le temps passé :

barur	meata	ʃe	waʃington ...	... tafkid	bo
(il est) clair	désormais	que	Washington	(un) rôle	*pronom relatif*

xamad[47]	biʃvil	artso	ha	ʃax ...
ambitionner convoiter *passé 3e pers. sg.*	pour	son pays	le	Chah

Le lexème du verbe xamad suppose une durée. Tout comme en français, le temps passé suppose une situation achevée. Le rôle de l'imparfait français, consistant à attirer l'attention sur le déroulement de l'action, serait assumé en hébreu par un adverbe temporel tel que zman rav "longtemps"[48] , zman mesuiam "quelque temps"[48], etc.

En concluant ce chapitre on pourrait peut-être suggérer que la faculté de l'imparfait de mettre en relief l'action dans son déroulement le rend particulièrement propice à remplir le rôle de "passé du récit", comme dans la phrase suivante :

> Sur les vingt-et-un secrétaires d'Etat nommés samedi, seize sont d'origine parlementaire, quatre ... faisaient partie du gouvernement précédent.

---

[47] M. COHEN (*Dictionnaire français-hébreu*) propose pour "ambitionner" le verbe hébraïque, liʃ'of. Nous avons proposé lax(a)mod qui à notre avis est l'équivalent d' "ambitionner, convoiter", et dont xamad est la troisième personne du passé.

[48] Traduction littérale.

CONCLUSION

L'opposition duratif/ponctuel n'est pas marquée en hébreu ; en français l'expression aspectuelle de durée est rendue parfois par l'imparfait or, normalement comme en hébreu, l'opposition duratif/ponctuel n'y est pas marquée non plus. Elle est imposée dans les deux langues par des moyens contextuels/syntaxiques/sémantiques.

Cette étude vise à prouver que deux langues aussi différentes que le français et l'hébreu peuvent présenter des caractéristiques semblables sur le plan de l'expression aspectuelle de durée et de ponctualité ; ceci est d'autant plus intéressant qu'il s'agit d'une langue latine disposant d'un système verbal très élaboré sur le plan des modalités temporelles et d'une autre, sémitique, dont le système temporel des verbes n'exprime que trois temps : passé, présent et futur - par rapport au moment de la parole (ou trois expressions aspectuelles : accompli, inaccompli et éventuel).

Ces ressemblances ressortent normalement quand on considère les deux langues dans un état de communication. Ainsi le verbe connaître au passé composé, passé simple, surcomposé, etc. n'a pas d'aspect ; connaître + enfance est duratif tandis que connaître (situation de faire la connaissance de quelqu'un) est ponctuel dans n'importe quel temps. Il en va de même pour son homologue hébraïque lehakir, quoique la gamme des "temps verbaux" y soit beaucoup plus limitée. Dans une situation de traduction cette ressemblance aspectuelle entre les deux langues devient cruciale ; la traduction s'effectuera sur des phrases dans un contexte, dans un état de communication. Elle est même plus prononcée dans le contexte de la presse parce que le contexte linguistique et extra-linguistique y sont normalement connus des lecteurs.

L'imparfait toutefois peut créer des difficultés ; afin de traduire en hébreu une phrase française dont l'expression de durée est

imposée par l'imparfait, le traducteur devra recourir à des moyens linguistiques extérieurs au système des modalités verbales.

Examinons la phrase proposée dans la 4ème Partie :

On ne nous pos̲a̲i̲t̲ pas cette question quand nos frères de race et
de couleur s'étaient mis au ban de la grande famille du sport mondial.

Nous avons constaté que dans cette phrase l'expression de durée
était imposée par -ait. En hébreu, cette expression ne serait pas rendue par le "temps passé" dans lequel le verbe exprimerait une action
antérieure au moment de la parole sans donner des précisions aspectuelles. L'expression aspectuelle durative serait rendue dans la version
hébraïque par un lexème verbal :

lo	nahagu	liʃ'ol	otanu ...	ʃe(e)la	zo	ka(a)ʃer
non	avoir l'ha- bitude *passé 3e*	demander *infinitif*	nous (pr. c.o.d)	question	cette	quand

axeinu
nos frères

"Ils n'avaient pas l'habitude de nous demander cette question
quand nos frères..."[49]

L'expression d'habitude, imposée en français par l'imparfait du
verbe "poser", est rendue en hébreu par le lexème du verbe linhog "a-
voir l'habitude de ...".

---

[49] Traduction littérale ; dans un style français plus chatié on lirait : "On n'a-
vait pas l'habitude de nous poser cette question quand nos frères ..."

BIBLIOGRAPHIE

AVISAR S. - 1978, *Du français à l'hébreu ; la méthode du thème et stylistique com-parée*, Jérusalem, Kiriat Sefer, 198 p.

BANEAU J., BONNET J. - 1974, *L'esprit des mots*, Paris, l'Ecole, 316 p.

BENVENISTE E. - 1966, *Problèmes de linguistique générale*, Paris, Gallimard,(Biblio-thèque des Sciences Humaines, 3), 356 p.

    - 1959, Les relations de temps dans le verbe français, Paris, *Bulletin de la Société Linguistique de Paris*, 54, pp. 69-82.

CLARIS J.M. - 1971, Notes sur les formes en -rait, Paris, Larousse, *Langue Française*, 11, pp. 32-39.

DUBOIS J. - 1964, La traduction de l'aspect et du temps dans le code français, Pa-ris, *Le français moderne*, 32, pp. 1-26.

    - 1967, *Grammaire structurale du français ; le verbe*, Paris, Larousse ("Langue et langage"), 218 p.

DUBOIS J., DUBOIS-CHARLIER F. - 1970, *Eléments de linguistique française : syntaxe*, Paris, Larousse ("Langue et langage"), 295 p.

GAREY H. - 1957, Verbal aspects in French, *Language*, 33, pp. 92-110.

GIRI J. - 1971, Remarques sur l'emploi du verbe faire comme opérateur, Paris, Larous-se, *Langue française*, 11, pp. 39-46.

GOLIAN M. - 1977, *L'aspect verbal en français ?*, Thèse de doctorat de 3e cycle, Pa-ris, Université René Descartes, 247 + IX p.

GOUGENHEIM G. - 1971, *Etude sur les périphrases verbales de la langue française*, Pa-ris, Gembloux, 550 p.

GREVISSE M. - 1964, *Le bon usage*, Paris, Gembloux, 550 p.

GUILLAUME G. - 1970, *Temps et verbe*, Paris, Honoré Champion, 134 p.

IMBS P. - 1953, *Le subjonctif en français moderne*, Strasbourg, l'Université de Stras-bourg, 70 p.

MACKEY W.F. - 1971, *La distance interlinguistique*, Québec, Les presses de l'Univer-sité Laval, 191 p.

MAHMOUDIAN M. - 1976, *Pour enseigner le français*, Paris, Presses Universitaires de France, 428 p.

MAROUZEAU J. - 1950, *Aspects du français*, Paris, Masson, 215 p.

MARTIN R. - 1962, Grammaire et lexique : leur concurrence dans l'expression de l'aspect perfectif en français moderne, Paris, *Bulletin des jeunes romanistes*, 6, pp. 18-25.

    - 1971, *Temps et aspect. Essai sur l'emploi des temps narratifs en moyen français*, Paris, Klincksieck, 452 p.

MARTINET A. - 1967, *Eléments de linguistique générale*, Paris, Armand Colin, 221 p.

    - 1969, *Langue et fonction*, Paris, Denoël, 196 p.

    - 1970, *La linguistique synchronique*, Paris, Presses Universitaires de France, 225 p.

    - 1973, Réflexions sur le parfait en français contemporain, Québec, *La revue canadienne de linguistique romane*, I (1), pp. 49-53.

MEILLET A. - 1958, *Linguistique historique et linguistique générale*, Paris, Honoré Champion, 334 p.

MELZER R., TAUBE D., CARMAND J. - 1978, *L'hébreu au présent*, Paris, Maisonneuve et Larose, 247 p.

MOUNIN G. - 1963, *Les problèmes théoriques de la traduction*, Paris, Gallimard, XII + 296 p.

    - 1968, Problèmes terminologiques de l'aspect, Anvers, *Linguistica Antverpiensia*, 2, pp. 317-328.

    - 1972, *Clefs pour la sémantique*, Paris, Seghers, 268 p.

OR A.B. - 1963, *Langue et style*, Tel Aviv, Edition Israël, 198 p.

ORNAN U. - 1971, Une nouvelle description des classes verbales en hébreu, Jérusalem, Alpha, *Livre Kamérat*, pp. 32-45.

POLLAK W. - 1976, Un modèle explicatif d'une opposition aspectuelle ; le schéma d'incidences, Paris, *Le français moderne*, 44 (4), pp. 289-311.

ROZEN H. - 1963, *Le bon hébreu*, Jérusalem, Kiriat Sefer, 315 p.

SCHOGT H.G. - 1968, *Le système verbal du français contemporain*, Paris, Mouton, 74 p.

    - 1974, Quoiqu'elle venait de se marier..., Paris, Presses Universitaires de France, *La linguistique*, 10 (2), pp. 91-100.

TENE D. - 1970, L'hébreu israélien, Jérusalem *Ariel*, 21, pp. 47-64.

VINAY J.P., DARBELNET J. - 1958, *Stylistique comparée du français et de l'anglais*, Montréal, Beauchemin (Bibliothèque de linguistique comparée, 1), 331 p.

WARTBURG (von) W., ZUMTHOR P. - 1947, *Précis de syntaxe du français contemporain*, Berne, A. Francke (Bibliotheca Romanica), 400 p.

YVON H. - 1951, Aspects du verbe français et présentation du procès, Paris, *Le français moderne*, 19, pp. 161-174.

TABLE DES MATIERES

ISBN 2.85297.136-8

© SELAF, PARIS 1982

Dépôt légal : novembre 1982.

Tous droits de reproduction, traduction
et d'adaptation réservés pour tous pays.

SELAF : A, rue de Marseille, 75016 PARIS
(France). Tél. 206-4560

Achevé d'imprimer le 21 novembre 1982
sur les presses de la SELAF à Paris
5, rue de Marseille, 75010 Paris (France)

ISBN : 2-85297-118-6

Ⓢ SELAF - PARIS, 1982
Dépôt légal : novembre 1982
Tous droits de reproduction, de traduction
et d'adaptation réservés pour tous pays.

SELAF - 5, rue de Marseille, 75010 PARIS
(France) - Tél. 208-47.66

Achevé d'imprimer le 21 septembre 1982
sur les presses de la SELAF à Paris
5, rue de Marseille - 75010 Paris (France)